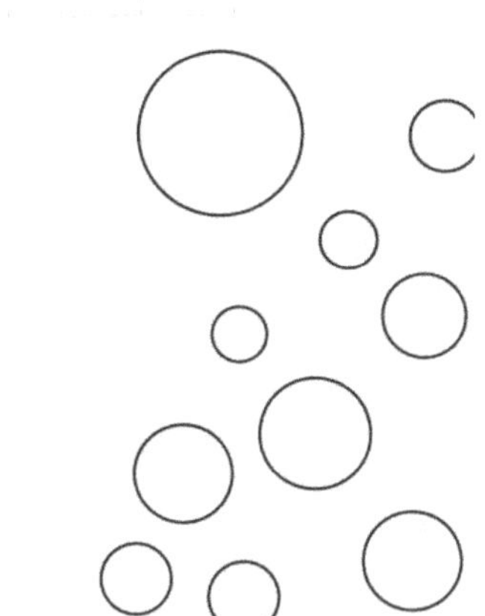

This Book Belongs to :

____

____

____

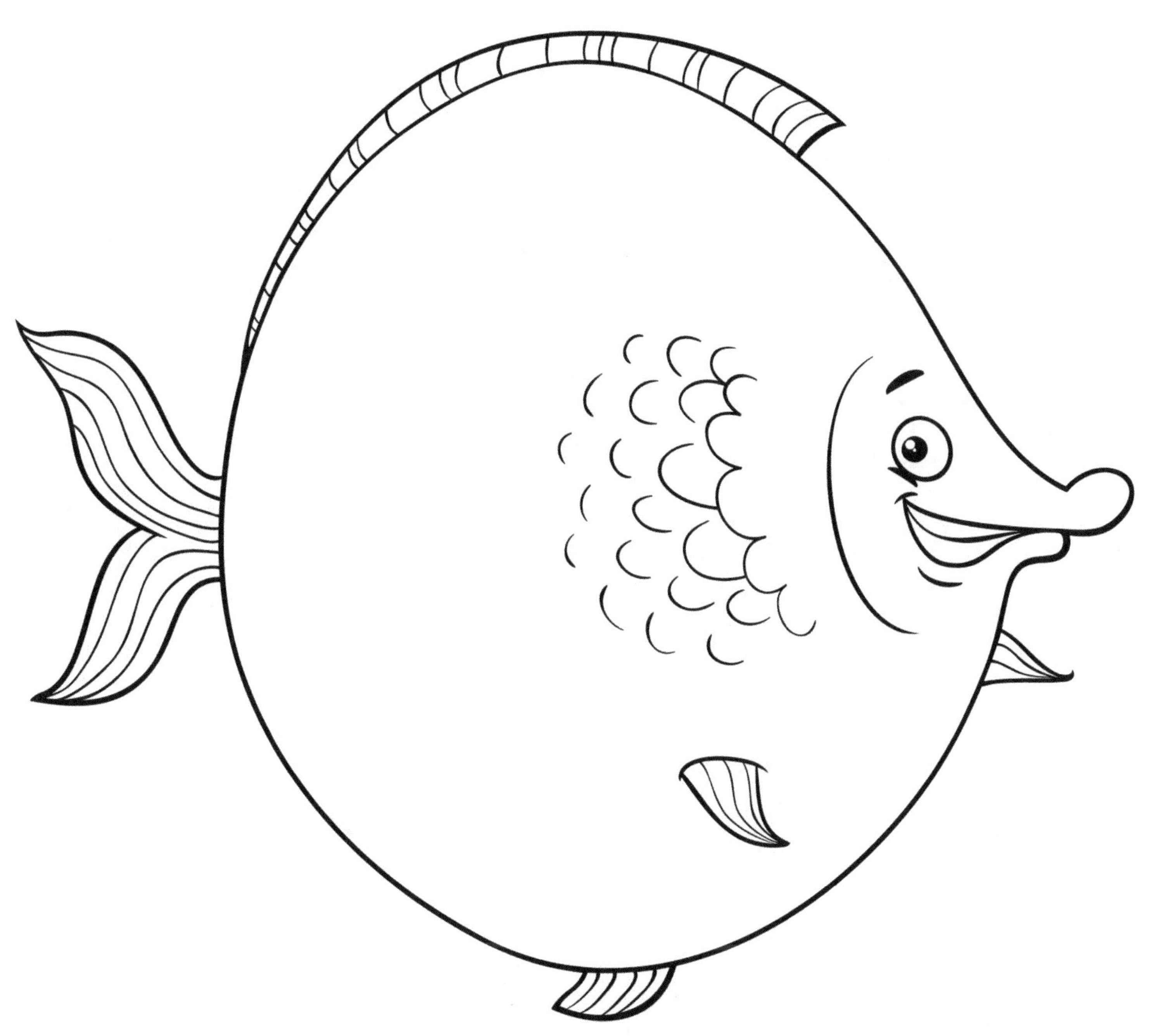

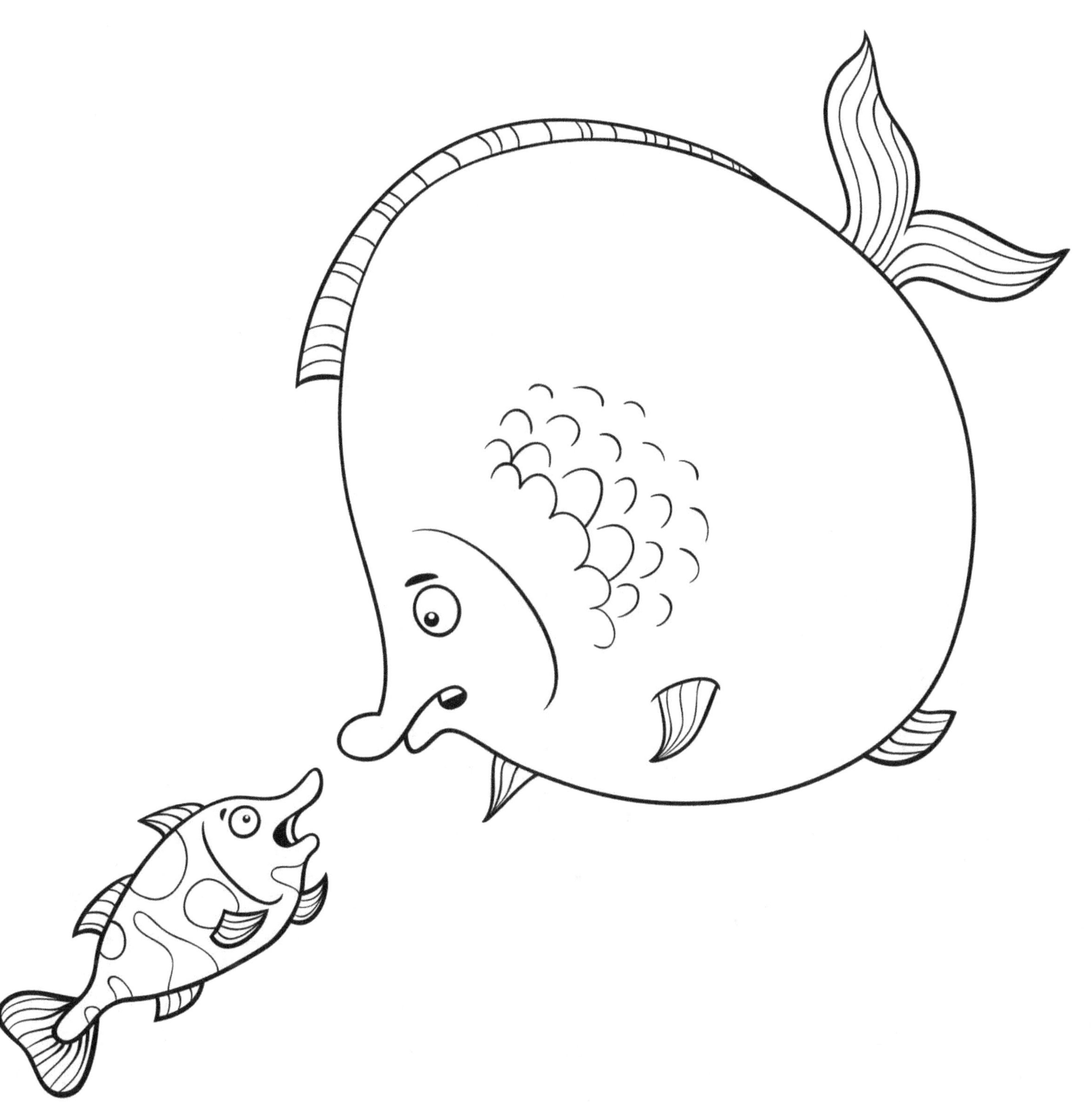

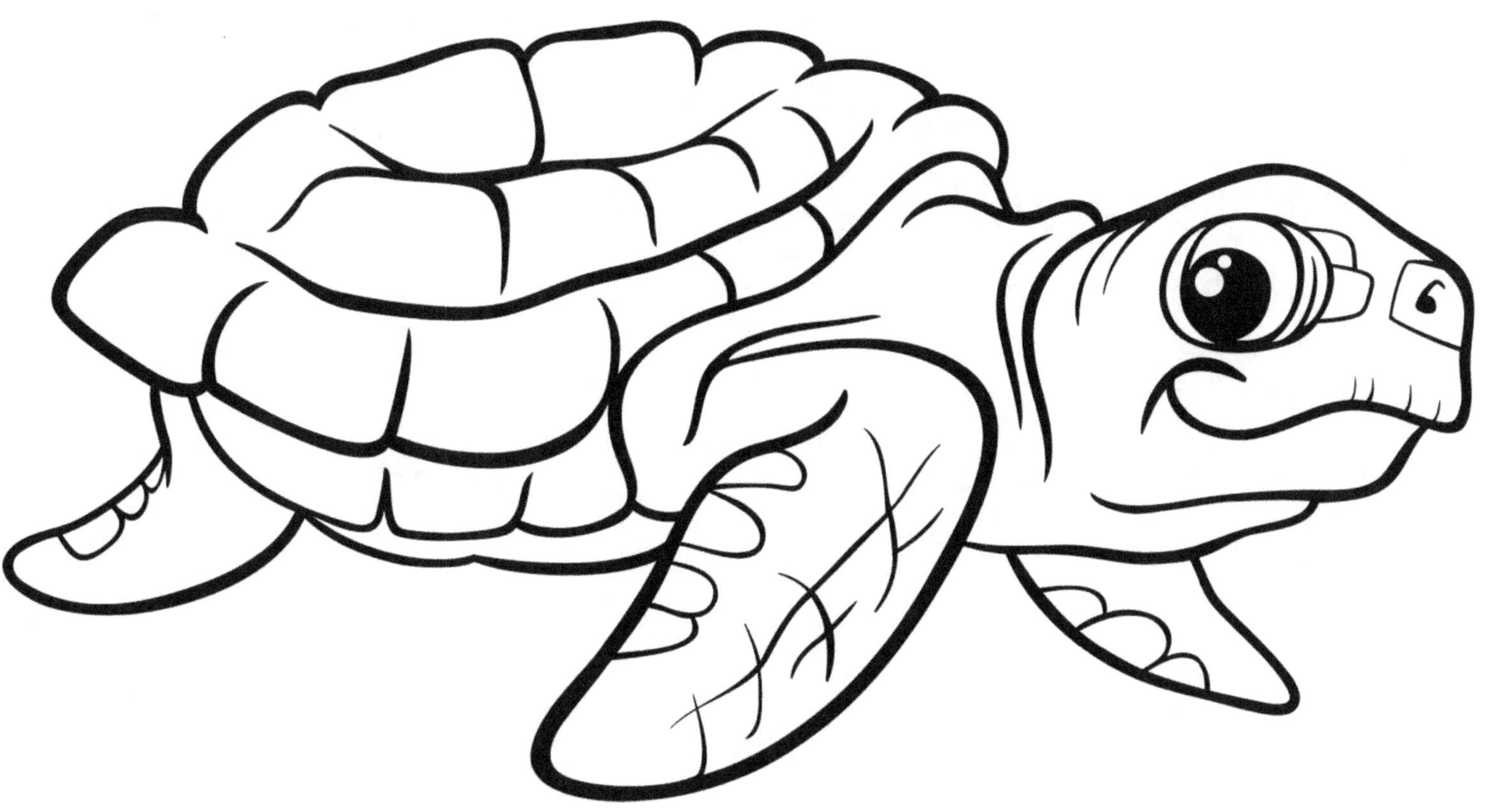

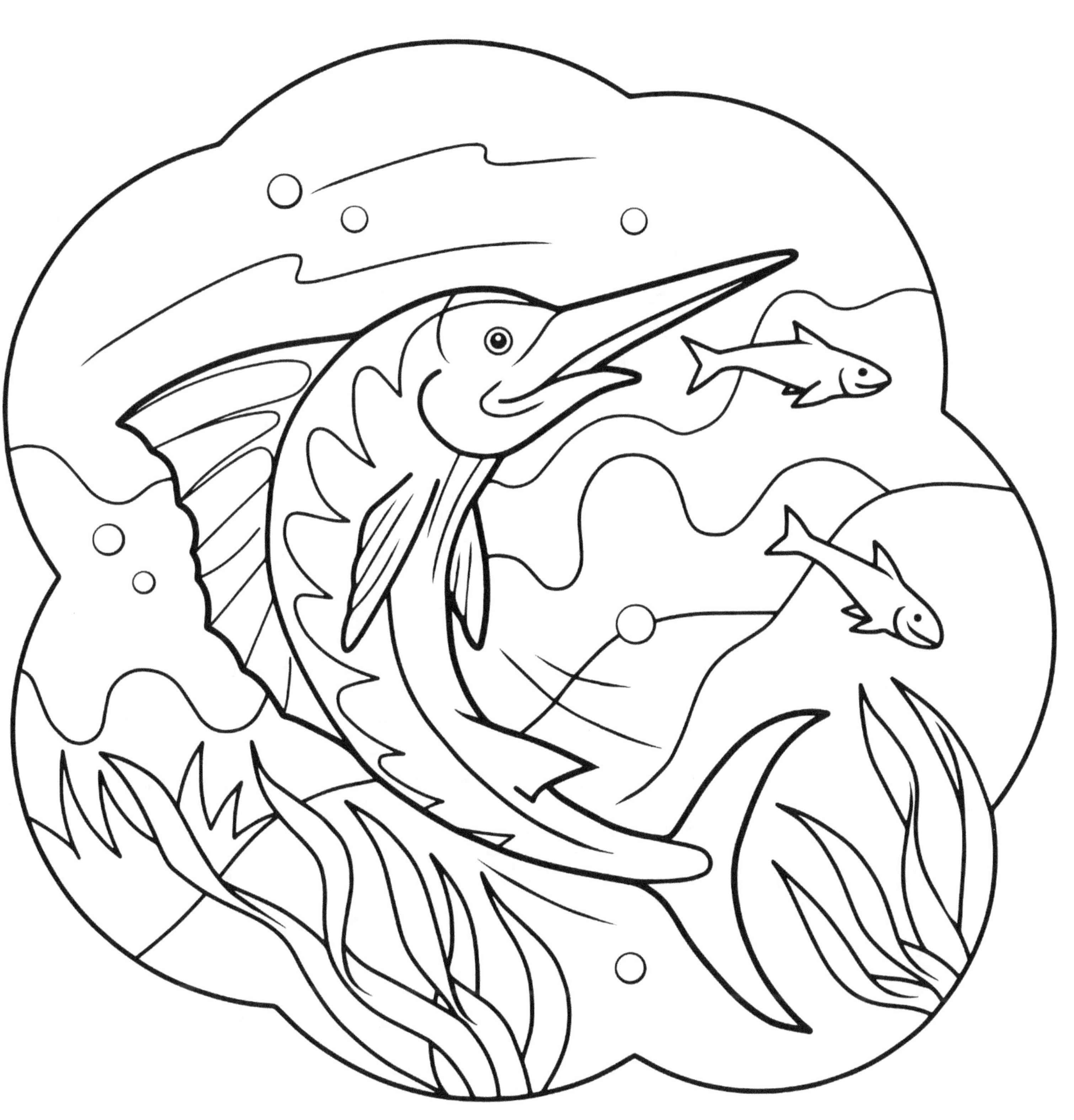

UNDEr
Sea